KINDER
DER MIGRATION
SEBASTIÃO SALGADO

KINDER
DER MIGRATION
SEBASTIÃO SALGADO

KONZEPTION UND DESIGN VON LÉLIA WANICK SALGADO

ZWEITAUSENDEINS

Deutsche Erstausgabe.
1. Auflage, Februar 2000.

Copyright © 2000 by Amazonas Images, Paris.
Fotografien, Einführung und Erläuterungen zu den Bildern
Copyright © 2000 by Sebastião Salgado.

Alle Rechte für die deutsche Ausgabe und Übersetzung
Copyright © 2000 by Zweitausendeins,
Postfach, D-60381 Frankfurt am Main. www.Zweitausendeins.de.

Alle Rechte vorbehalten, insbesondere das Recht der mechanischen, elektronischen oder
fotografischen Vervielfältigung, der Einspeicherung und Verarbeitung
in elektronischen Systemen, des Nachdrucks in Zeitschriften oder Zeitungen,
des öffentlichen Vortrags, der Verfilmung oder Dramatisierung, der Übertragung durch Rundfunk,
Fernsehen oder Video, auch einzelner Textteile.
Der *gewerbliche* Weiterverkauf und der *gewerbliche* Verleih von Büchern, Platten,
Videos oder anderen Sachen aus der Zweitausendeins-Produktion bedürfen
in jedem Fall der schriftlichen Genehmigung durch die Geschäftsleitung vom
Zweitausendeins Versand in Frankfurt.

Die Fotografien wurden mit einer LEICA R sowie LEICA M aufgenommen.

Die Mitarbeiter von Amazonas Images:
Lélia Wanick Salgado, Verlagsleitung; Françoise Piffard, Bildredaktion;
Marcia Navarro Mariano, Herstellung; Dominique Granier, Abzüge.
In Zusammenarbeit mit: Adrien Bouillon, Arbeitsabzüge, Bildbearbeitung;
Isabelle Menu, Abzüge; Mouna Mekouar, Assistenz; Sylvia Martins, Grafikassistenz.
Sowie (intern): Isabel D'Elia de Almeida und Rita Delorenzo Morais.

Aus dem Englischen von Waltraud Götting.

Lektorat der deutschen Ausgabe:
Ekkehard Kunze und Martin Weinmann (Büro W, Wiesbaden).
Satz und herstellerische Betreuung der deutschen Ausgabe:
www.AM-Design.de, Bernd Leberfinger + Dieter Kohler GmbH, Nördlingen.
Gesetzt aus der Garamond.
Duotone-Lithografie und Druck:
Entreprise d'arts graphiques Jean Genoud S.A.
Printed in Switzerland.

Dieses Buch gibt es nur bei Zweitausendeins im Versand,
Postfach, D-60381 Frankfurt am Main, Telefon 069-420 8000 oder
01805-23 2001, Fax 069-415 003 oder 01805-24 2001.

Internet www.Zweitausendeins.de, E-Mail info@zweitausendeins.de.
Oder in den Zweitausendeins-Läden in Berlin, Düsseldorf, Essen, Frankfurt,
Freiburg, 2x in Hamburg, in Hannover, Köln, Mannheim,
München, Nürnberg, Saarbrücken, Stuttgart.

In der Schweiz über buch 2000, Postfach 89,
CH-8910 Affoltern a. A.

ISBN 3-86150-328-X

Dieses Buch
ist allen Kindern gewidmet,
die sich die Fotografien ansehen
und sie zum Anlaß nehmen,
über die Lebensgeschichten
hinter den Gesichtern
nachzudenken.

Kriege, Armut oder Naturkatastrophen, in allen Krisensituationen sind es die Kinder, die am meisten leiden. Die schwächsten von allen fallen stets als erste Krankheiten und Hunger zum Opfer. Verletzlich an Leib und Seele, begreifen sie nicht, warum sie aus ihrem Heim vertrieben werden, warum ihre Nachbarn plötzlich ihre Feinde sind, warum sie jetzt umgeben von Schmutz und Unrat in einem Slum oder umgeben von Kummer und Leid in einem Flüchtlingslager leben müssen. Sie tragen keine Verantwortung für ihr Schicksal und sind darum im wahrsten Sinne des Wortes unschuldig.

Und doch geht von ihnen, sofern sie nicht schwer krank sind, noch unter den schlimmsten Bedingungen eine unglaubliche Energie aus. Jeder Fotograf, der schon einmal in Flüchtlingslagern oder städtischen Elendsvierteln gearbeitet hat, kann das bezeugen. Es wimmelt von Kindern, sie fallen meist stärker ins Auge als die Erwachsenen. Und sobald sie eine Kamera entdecken, hüpfen sie vor Aufregung, lachen, winken und drängen sich vor, um fotografiert zu werden. Manchmal verhindert gerade ihre Lebensfreude, daß die Bilder ihr Schicksal dokumentieren. Wie kann sich in einem lachenden Kindergesicht tiefes Unglück ausdrücken?

Aus diesem Widerspruch ist das vorliegende Buch geboren. Ich arbeitete damals in Mosambik unter Vertriebenen, die vor dem Bürgerkrieg in eine Region namens Mopeia geflohen waren. Wie üblich war ich auf Schritt und Tritt von einer Kinderschar umringt. Irgendwann sagte ich zu ihnen:

„Also gut, ich setze mich jetzt hierhin. Wenn ihr wollt, daß ich euch fotografiere, stellt euch in einer Reihe auf, dann mache ich von jedem von euch ein Foto. Und dann geht ihr spielen."
Im Nu hatte ich ungefähr dreißig Aufnahmen gemacht. Das Spiel funktionierte. Sie waren glücklich und ließen mich eine Weile in Ruhe. Wenn ich in einer anderen Gegend arbeitete, waren natürlich sofort wieder Kinder da. Also stellte ich sie wieder zum Fotografieren in einer Reihe auf.

Als ich nach Paris zurückkam, hatte ich endlich Gelegenheit, mir die Bilder anzusehen. Ihre Intensität faszinierte mich auf der Stelle. Kinder, die eben noch gelacht und getobt hatten, waren auf einmal ganz ernst. Aus der lärmenden Bande waren Individuen geworden, die durch Kleidung, Körperhaltung, Gesichtsausdruck und Augen mit entwaffnender Offenheit und Würde ihre Geschichte erzählten. Vor allem in ihren Augen kann man wie durch ein Fenster in ihre Seele blicken. Die ganze Traurigkeit und das Leid, das sie in ihrem kurzen Leben schon erfahren haben, kommt in ihnen mit schmerzlicher Klarheit zum Ausdruck.

Anfangs hatte ich nicht vor, diese Bilder zu veröffentlichen. Nach jeder Reise waren sie die letzten, die ich entwickelte und betrachtete. Aber ich hielt an der Gewohnheit fest, auf allen meinen Reisen Kinder zu fotografieren, wann immer sie mir nachliefen. Das war nicht immer der Fall: wenn Flüchtlinge bei Nacht und Nebel über die Grenze geschmuggelt wurden, waren keine Kinder zu sehen; in Flüchtlingskonvois hielten sich die Kinder ängstlich bei ihren Familien; im Hutu-Lager bei Goma in Zaire waren die Kinder zu schwach und vielleicht auch zu verängstigt, um mir zu folgen. Aber in vielen Flüchtlingslagern und städtischen Slums sah man die Kinder scharenweise beim Wasserholen oder beim Fußballspiel, immer zu Streichen aufgelegt – und immer ganz versessen darauf, sich fotografieren zu lassen.

Ich bin zu dem Entschluß gekommen, daß sie ein eigenes Forum verdienen. Ihre Geschichte ist vielleicht die Geschichte ihrer Eltern, aber sie haben sie auf ihre eigene Weise erlebt und erzählt.

Aber was empfinden sie wirklich? Wir können es nur raten. Dieses Buch zeigt Kinder unterschiedlichster Herkunft, die aus ihrer Lebensbahn geworfen wurden. Aber sie alle sind dabei Kinder geblieben, denen das Lachen so leicht fällt wie das Weinen, bei denen Freude und Enttäuschung dicht beieinander liegen, die im einen Augenblick redselig sind und im nächsten stumm und verschlossen. Das ist ihr Geheimnis, das uns an ihnen fasziniert. Suchen sie, wenn sie in die Kamera blicken, Hoffnung und Mitgefühl? Oder sehen wir das nur in ihnen, weil wir meinen, daß sie es verdienen?

Auf meinen Reisen habe ich nur allzu oft Situationen erlebt, die den Kindern keinen Anlaß zur Hoffnung boten. In einem Heim für verlassene Kinder in São Paulo krabbelten Dutzende von Kleinkindern auf dem Flachdach des Gebäudes herum, von dem aus man einen Blick auf die Stadt hat, in der sie höchstwahrscheinlich einmal zu den Außenseitern der Gesellschaft gehören werden. In den Gefängnissen von Hongkong drängten sich 25000 illegale Einwanderer aus Vietnam; erschreckende vierzig Prozent dieser Gefängnisinsassen waren Kinder, die dort geboren waren und noch nie in ihrem Leben eine Blume gesehen hatten. Im Süden des Sudan zwingt man Waisen, die kaum zehn Jahre alt sind, sich bewaffneten Banden anzuschließen. Ihnen ist es vorbestimmt, noch jünger zu sterben als ihre Eltern.

Manchmal bin ich auch Kindern begegnet, die an einem Scheidepunkt ihres Lebens standen. In Brasilien habe ich sie in Behelfslagern abseits der Straßen gesehen; sie gehörten zu den landlosen Bauernfamilien, die darauf hofften, irgendeine unbewirtschaftete Farm besetzen zu können. Die Kinder litten bittere Not, aber ihre Eltern hatten immerhin einen Funken Hoffnung und in manchen Fällen sogar eine reale Chance. Ich habe später Kooperativen besucht, in denen sich ehemals landlose Bauern zusammengeschlossen hatten, und stellte fest, daß die Kinder dort inzwischen zur Schule gingen. Schulbildung ist gleichbedeutend mit Hoffnung. Wenn die Kinder analphabetischer Migranten in den Slums der Großstädte, sei es in Lateinamerika, sei es in Asien, lesen und schreiben lernen, ist für sie der erste Schritt zu einem besseren Leben getan. Manche von ihnen schaffen es mit Begabung und Zielstrebigkeit sogar in eine höhere Schule.

Aber gerade Flüchtlingskinder leben in völliger Ungewißheit, was die Zukunft bringen wird. In den Wirren einer überstürzten Flucht aus den Städten und Dörfern werden Kinder oft von ihren Eltern und der Familie getrennt. Während des grausamen Bürgerkriegs in Mosambik gab es in den schlimmsten Zeiten nicht weniger als 350 000 *verlorene* Kinder, die nicht wußten, ob ihre Eltern noch lebten oder tot waren. In der jüngsten Vergangenheit kamen mit dem großen Exodus der Kosovaren auch Tausende elternloser Kinder nach Albanien und Mazedonien, wobei es in diesem Fall dem Internationalen Roten Kreuz und anderen Hilfsorganisationen immerhin gelang, viele der auseinandergerissenen Familien innerhalb weniger Wochen wieder zusammenzuführen.

Flüchtlingskinder tragen Wunden davon, die schwerer heilen als das Trauma der physischen Vertreibung. Wenn sie und ihre Eltern beispielsweise Opfer ethnischer Säuberungen sind, liegt dann der Wunsch nach Rache nicht in der menschlichen Natur? Kinder, die lange in einem ihnen aufgezwungenen Exil leben müssen, wachsen in dem Bewußtsein auf, daß sie einen Feind haben. Wenn der Vater ermordet wurde, wie wird die Mutter ihr Kind im Geist der Vergebung erziehen können? Wen wundert es, daß Flüchtlingslager das Potential sind, aus dem sich bewaffnete „Befreiungsarmeen" rekrutieren. Die guatemaltekische Guerilla hat indianische Halbwüchsige aus mexikanischen Flüchtlingslagern in ihre Reihen geholt; palästinensische Extremisten haben ihren Nachwuchs in den Flüchtlingslagern im Libanon gefunden. Flüchtlingskinder lernen schnell, daß Niederlagen Verantwortungen mit sich bringen.

Die traurigsten Szenen habe ich jedoch auf den Straßen der Metropolen gesehen. Die Bilder, die dort entstanden sind, erscheinen nicht in diesem Buch, sondern in dem Band *Migranten*. Diese Mädchen und Jungen waren völlig gleichgültig. Sie hatten keinerlei Interesse daran, fotografiert zu werden. Sie schnüffeln fast ausnahmslos, sind cracksüchtig oder hängen an sonst einer Droge, und um ihre Sucht zu finanzieren, betteln sie, stehlen Handtaschen oder bieten ihren Körper an. AIDS breitet sich mit rasender Geschwindigkeit unter ihnen aus, und sie haben wenig Aussicht auf medizinische Betreuung. Manche von ihnen wurden von ihren Eltern alleingelassen, andere sind aus überfüllten Heimen weggelaufen, in denen das Recht des Stärkeren gilt. Eins prägt sie alle: die Gesellschaft hat sie im Stich gelassen.

Alljährlich veröffentlicht UNICEF einen alarmierenden Bericht über die Lage der Kinder in der Welt. Entmutigende Zahlen dokumentieren die Krankheiten und Gesundheitsschäden, die Bildungsnot und die Heimatlosigkeit von vielen Millionen Kindern rund um den Erdball. Das Anliegen dieses Buchs ist keine derartige Analyse. Es zeigt nichts weiter als neunzig Kinder aus verschiedenen Teilen der Welt an einem bestimmten Tag in ihrem Leben. Sie sehen wunderschön, glücklich, stolz, nachdenklich oder traurig aus. Für einen flüchtigen Augenblick konnten sie sagen: „Ich bin." Nur zu bald werden sie erwachsen sein, und andere Kinder werden an ihre Stelle treten.

Sebastião Salgado
Paris, Juli 1999

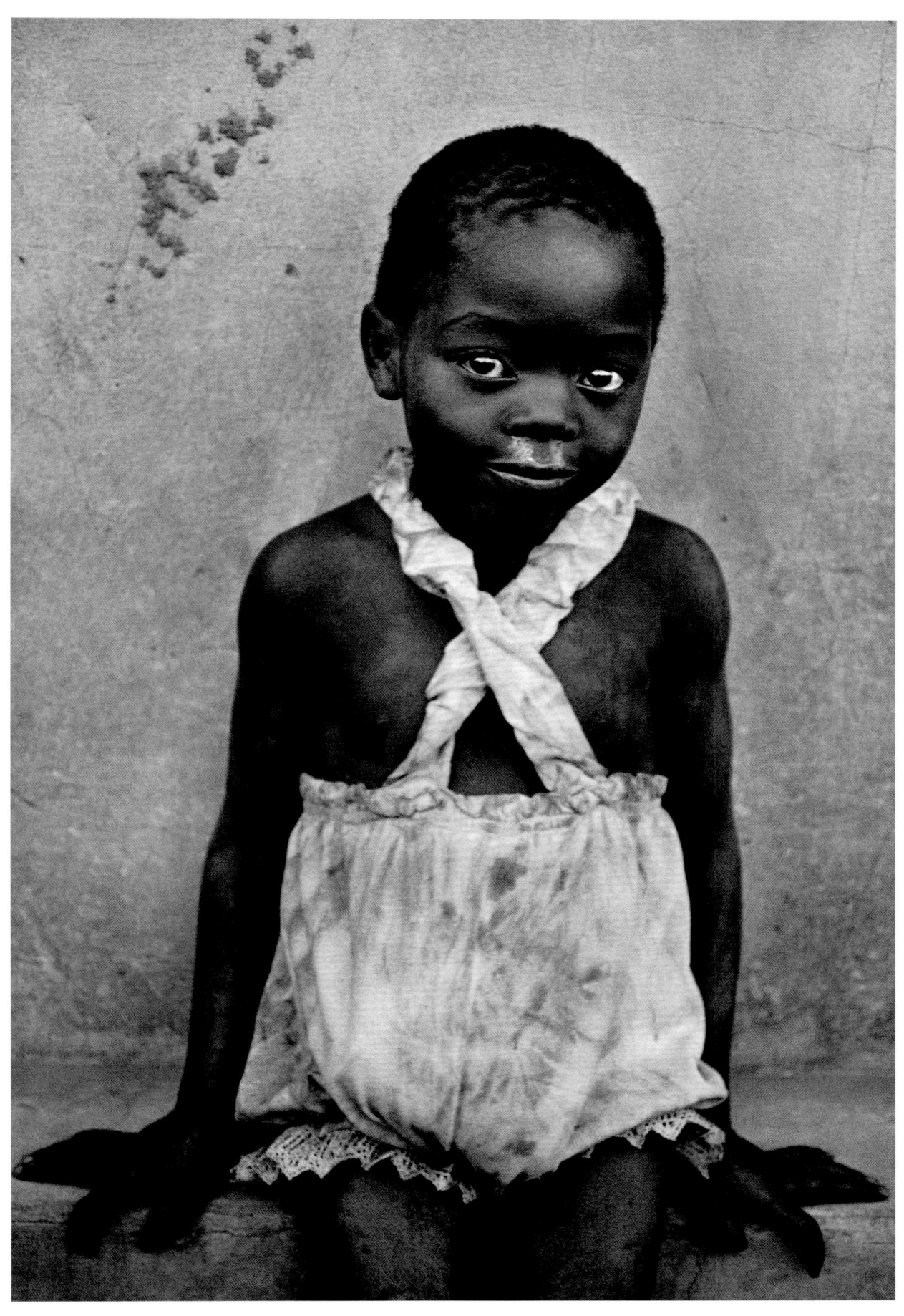

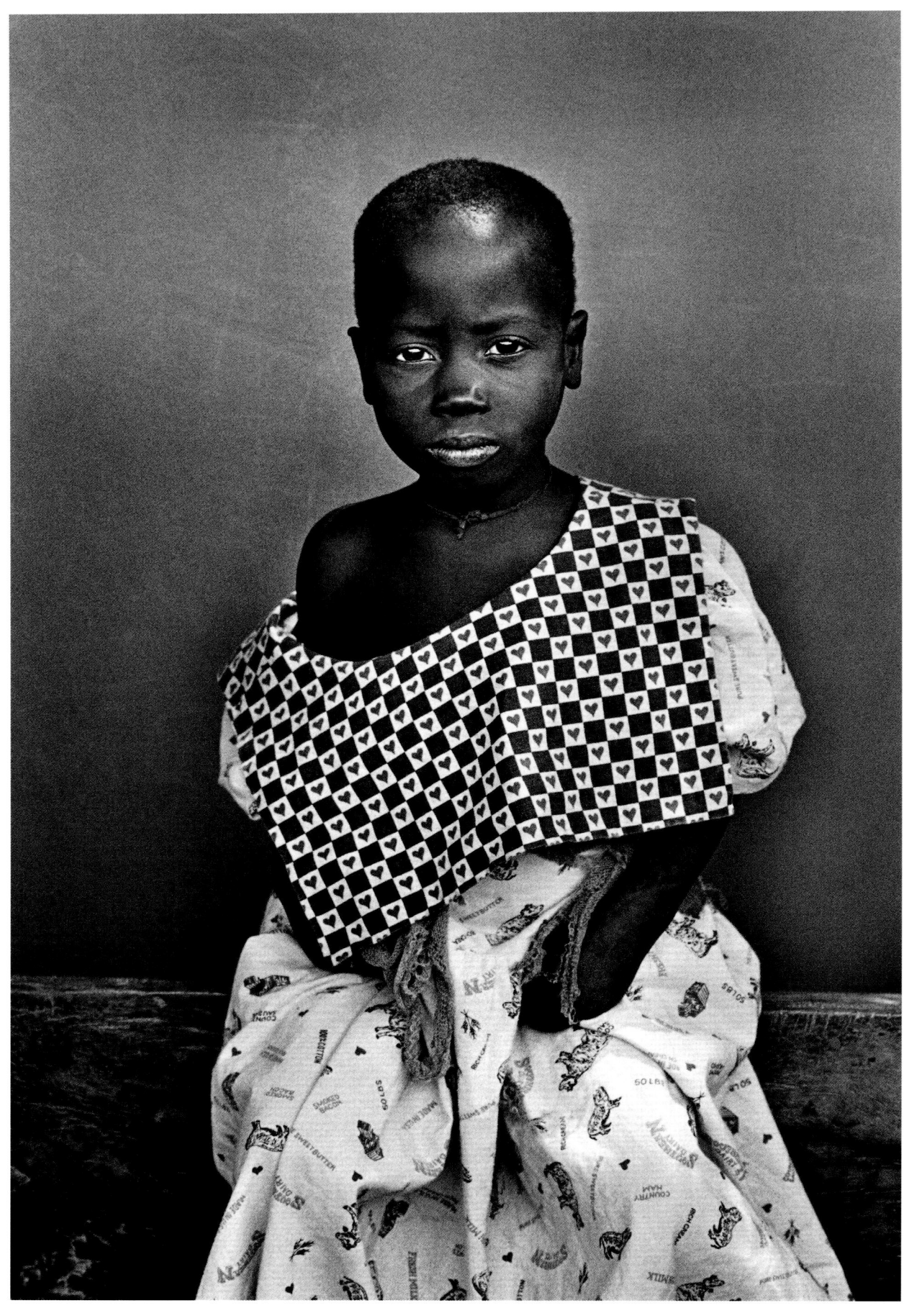

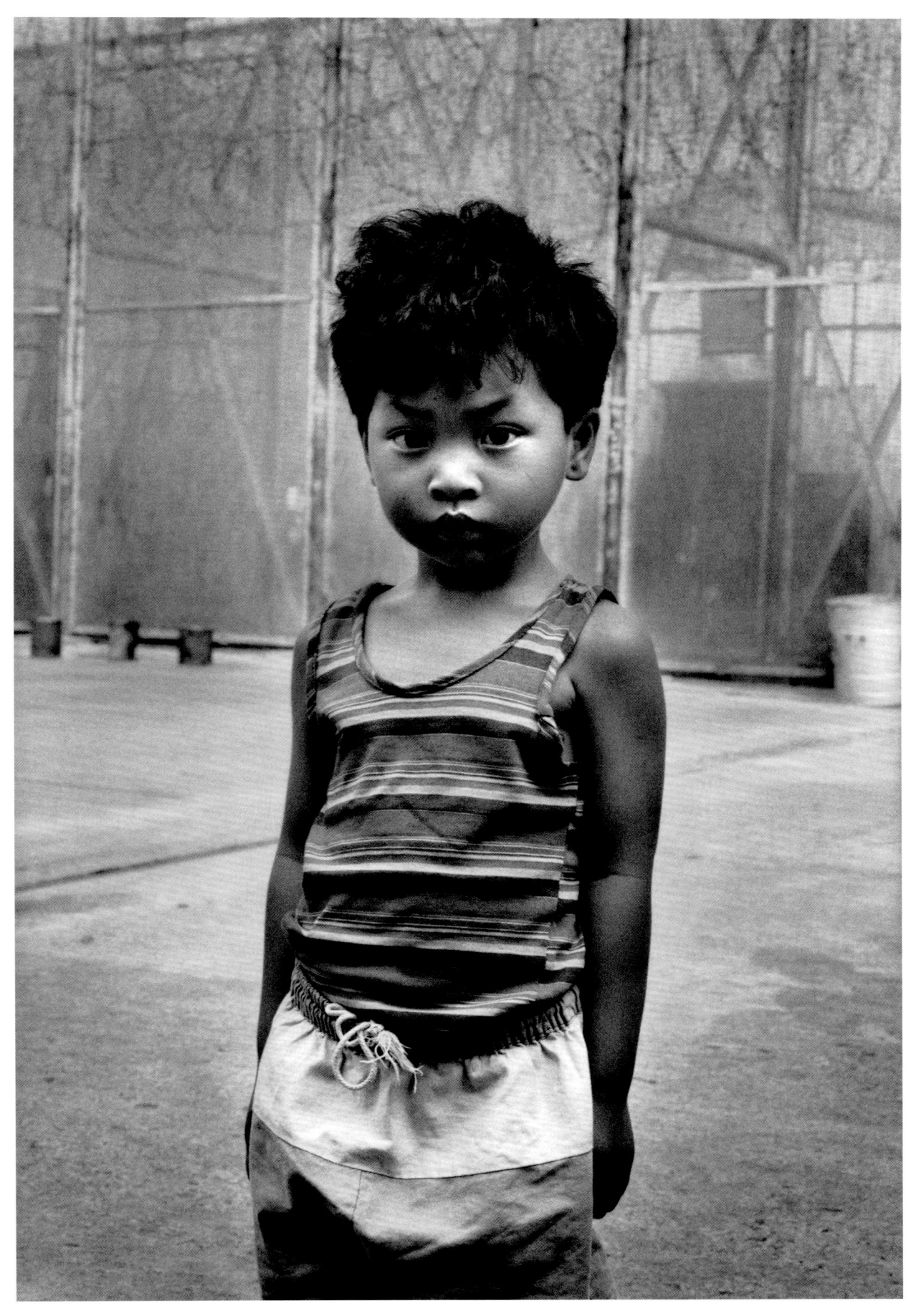

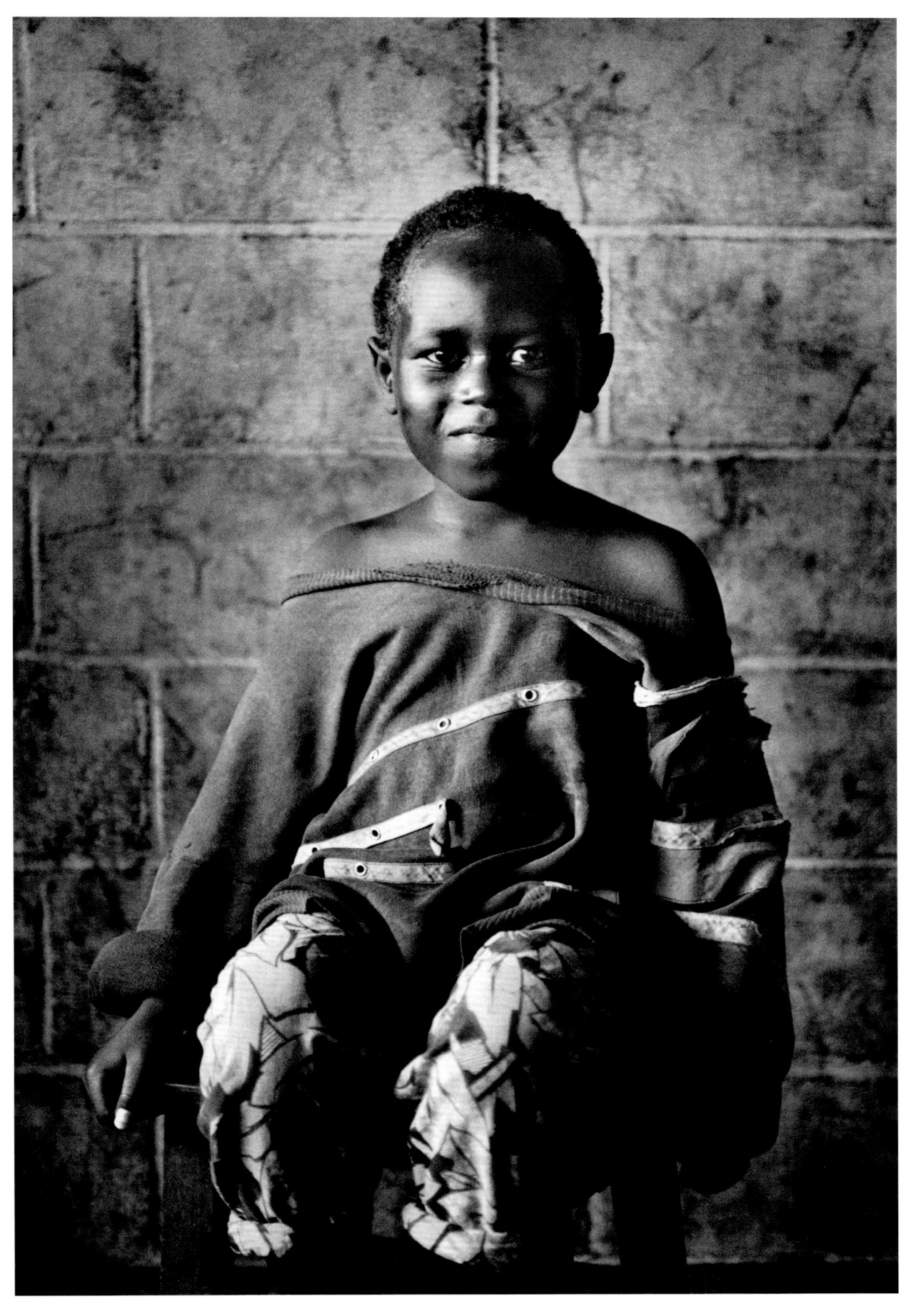

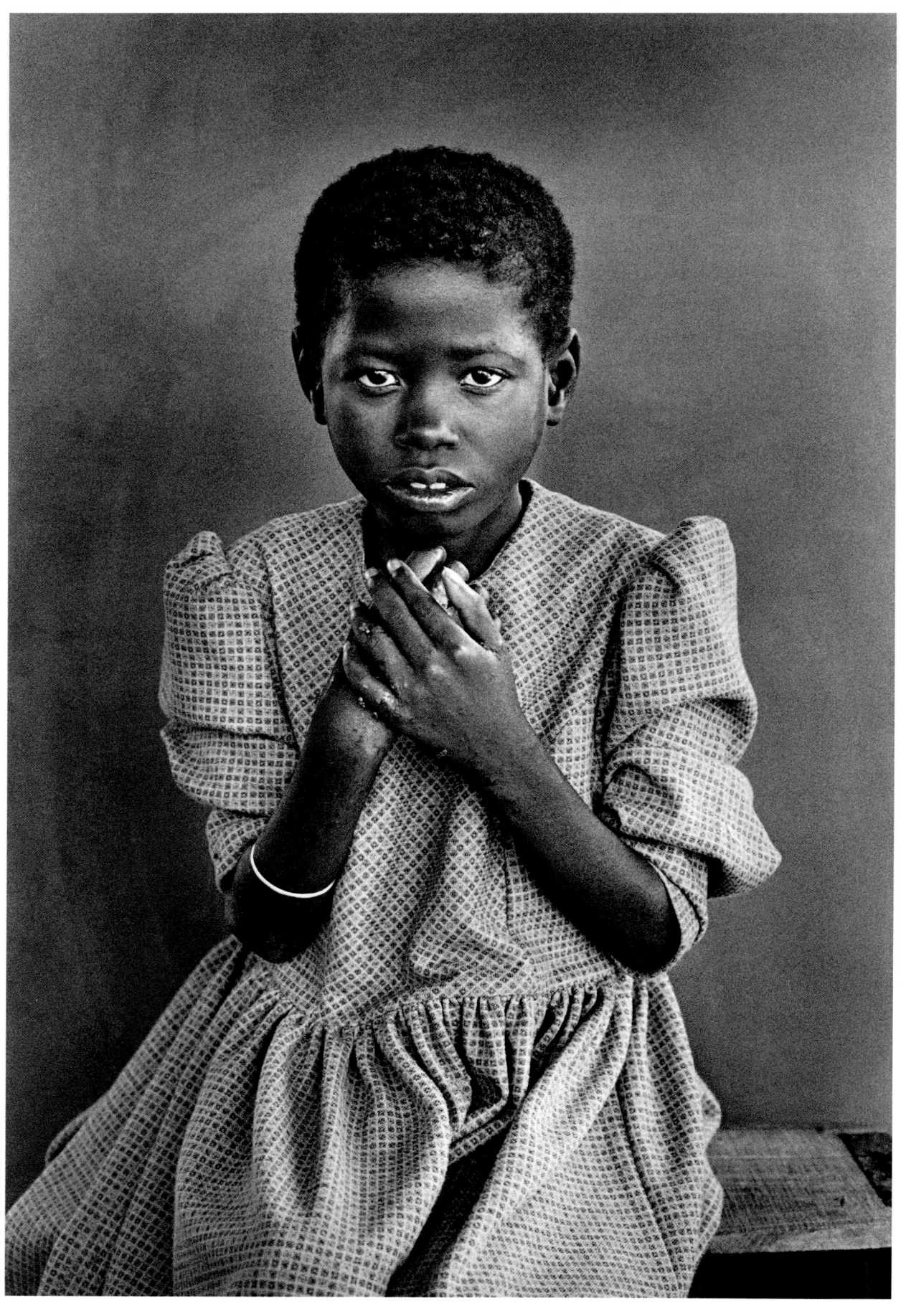

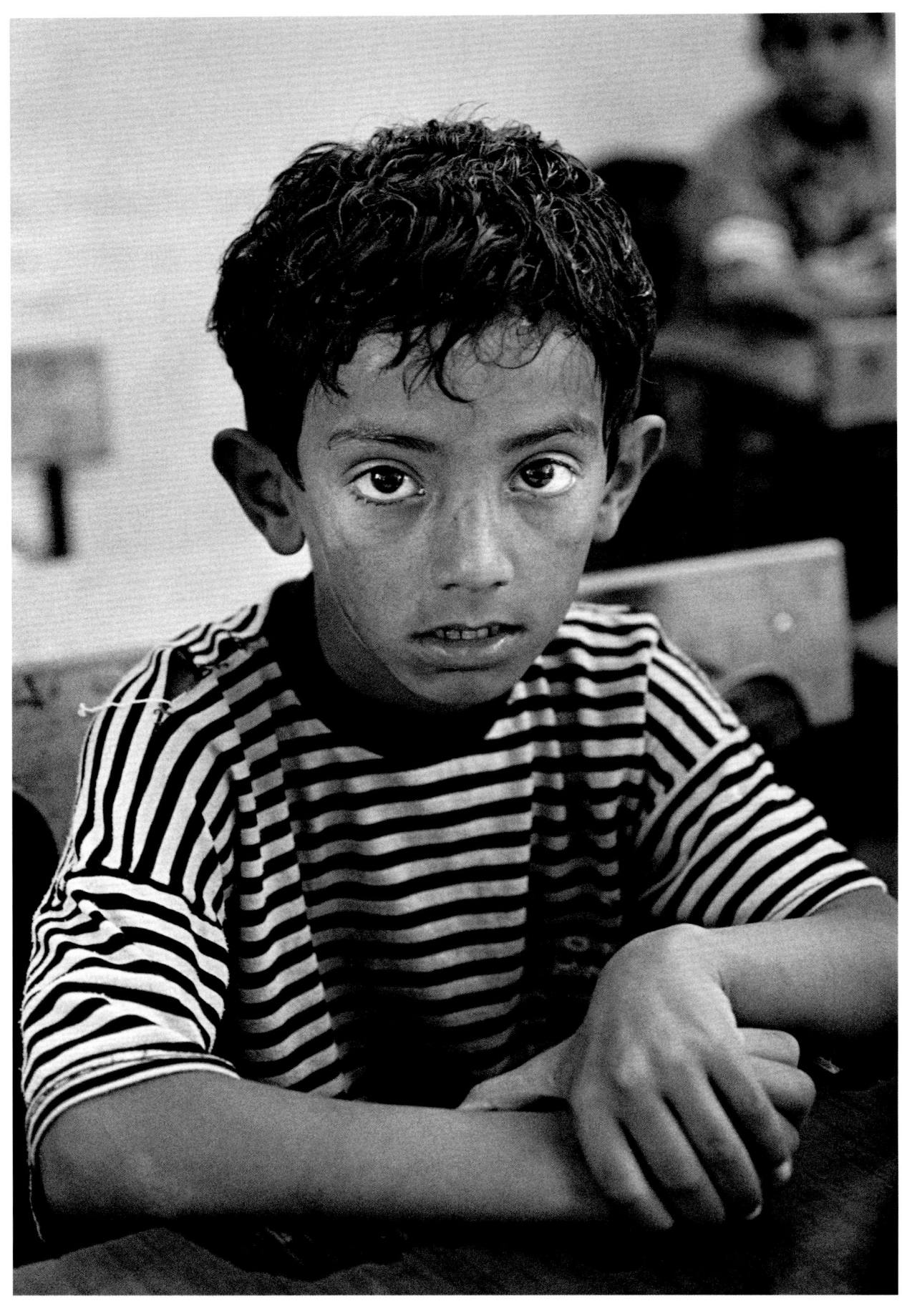

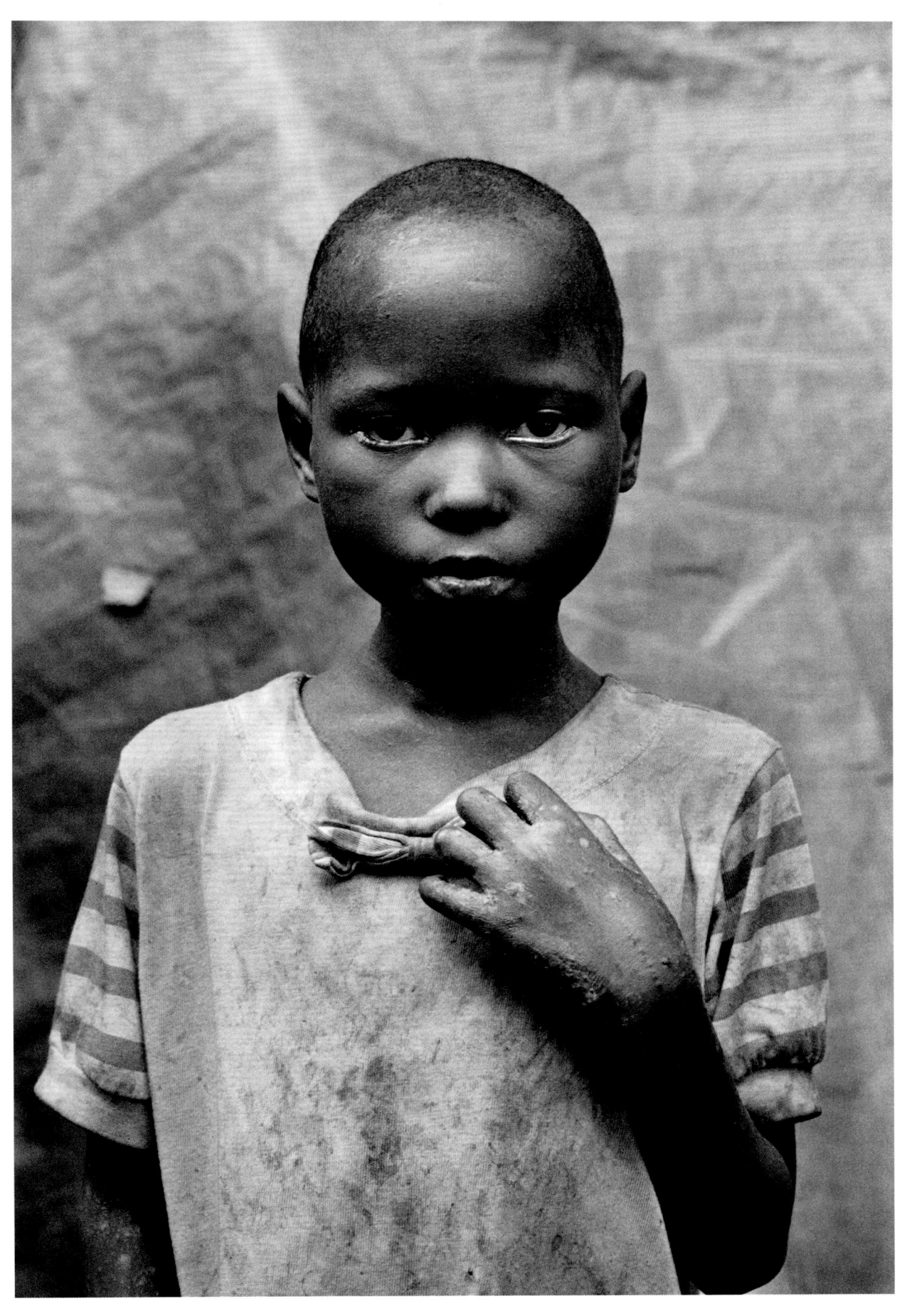

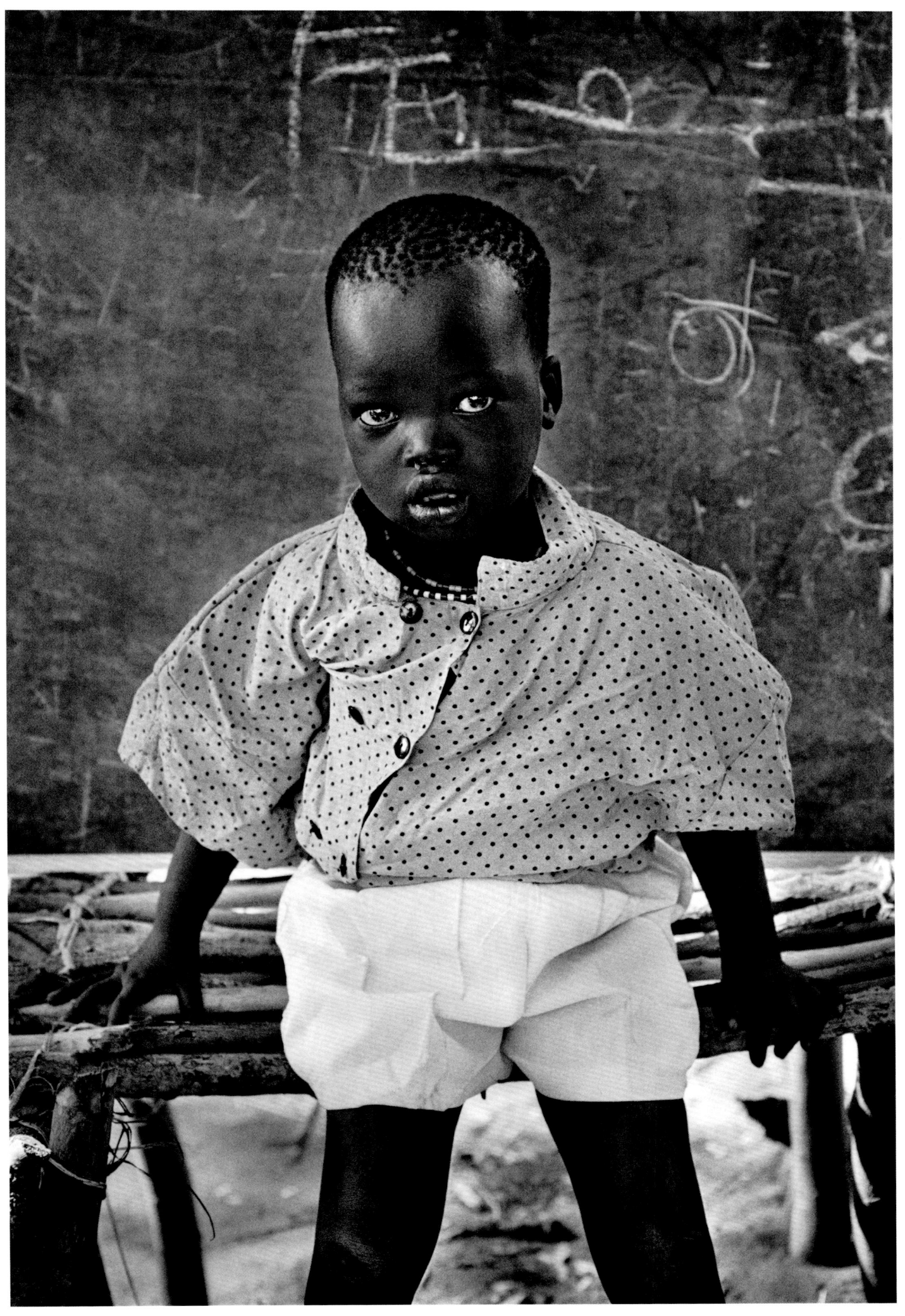

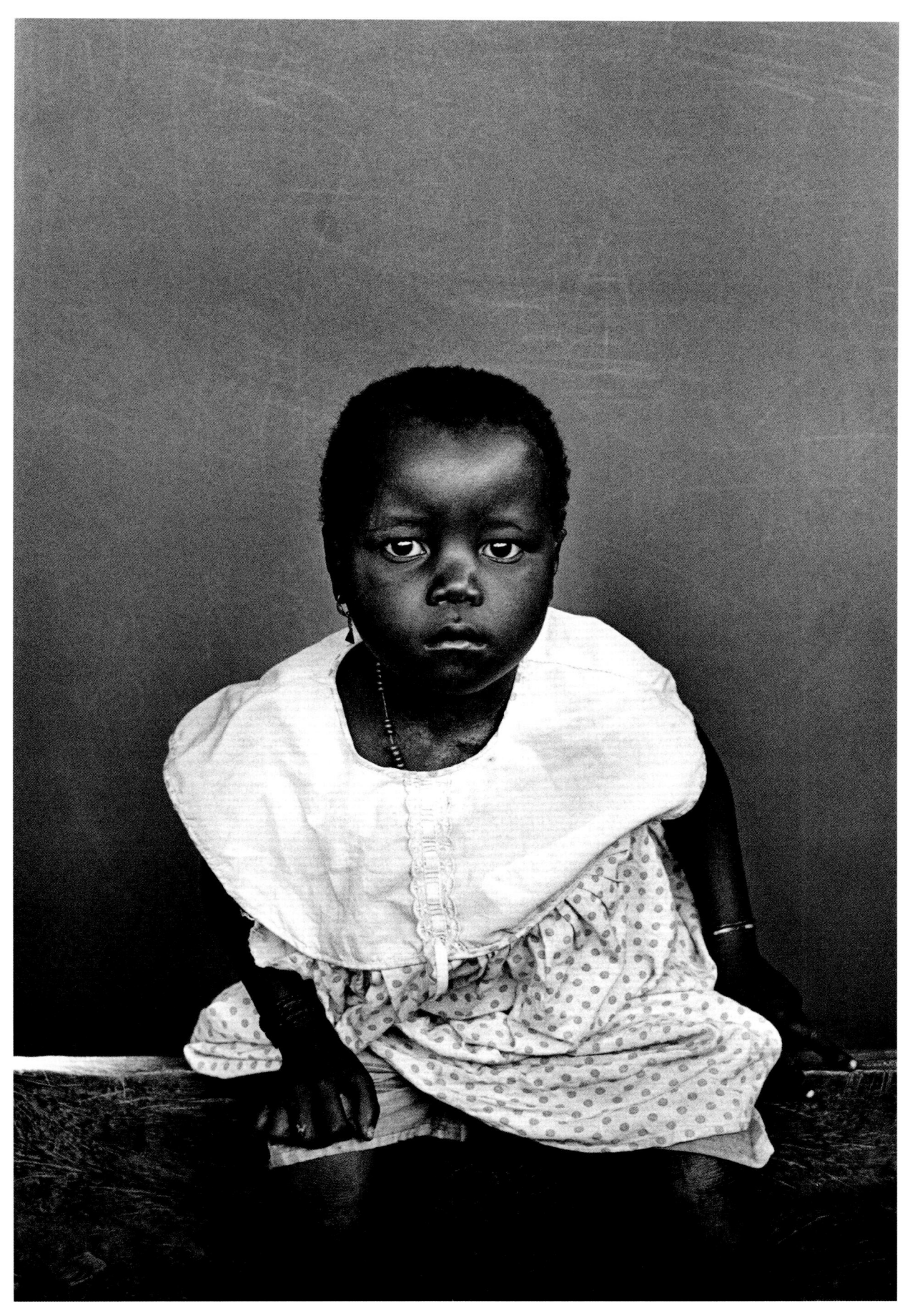

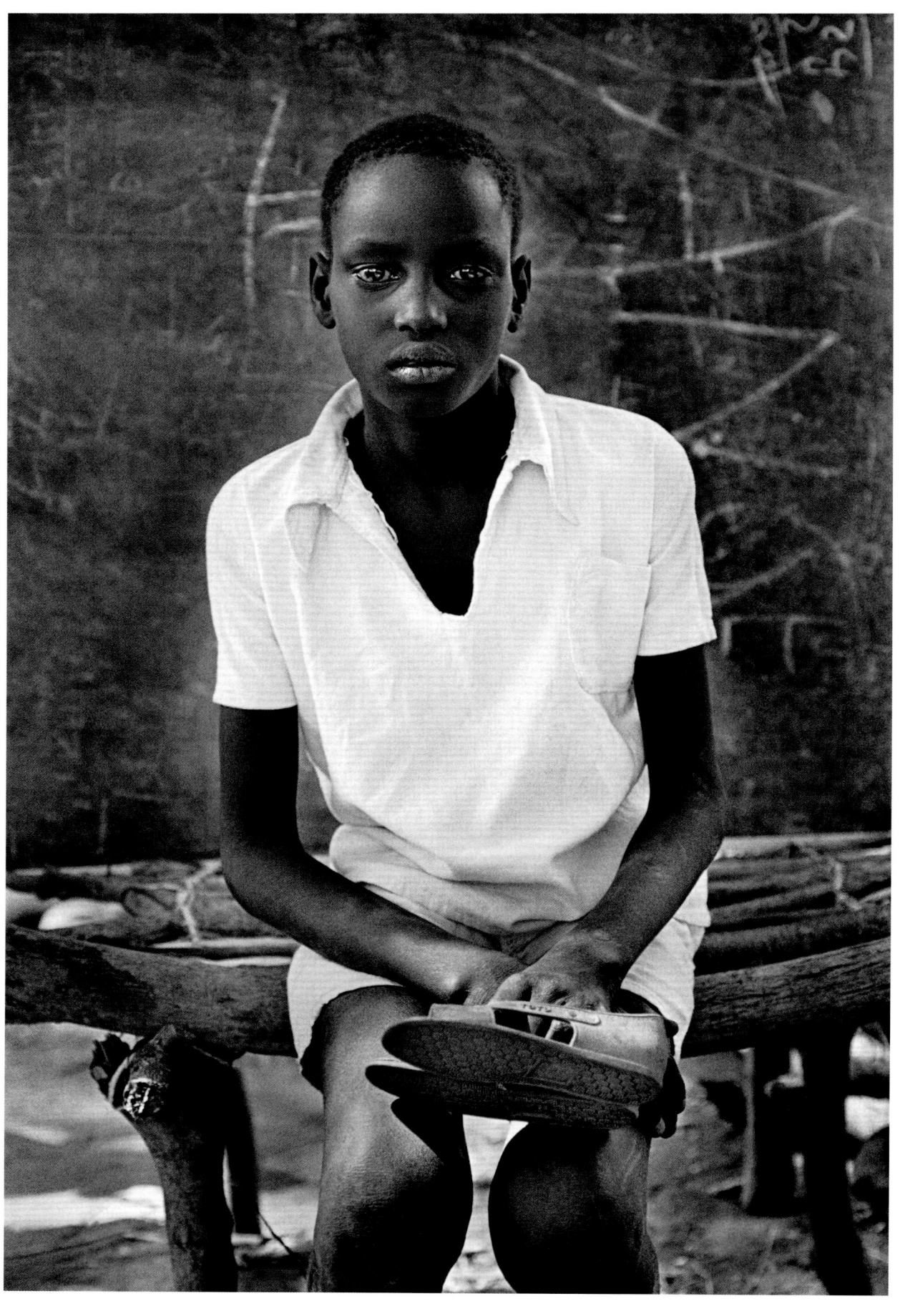

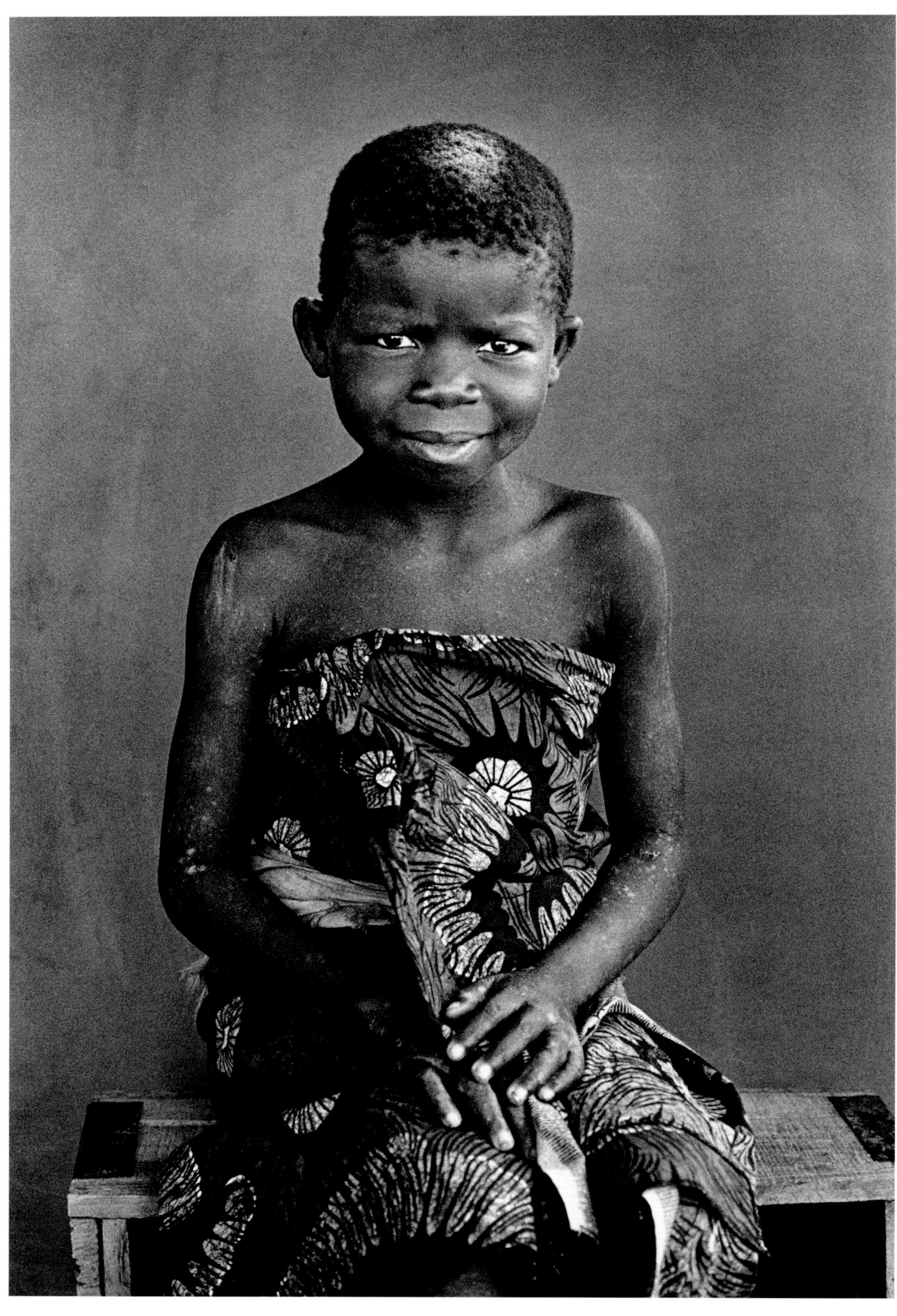

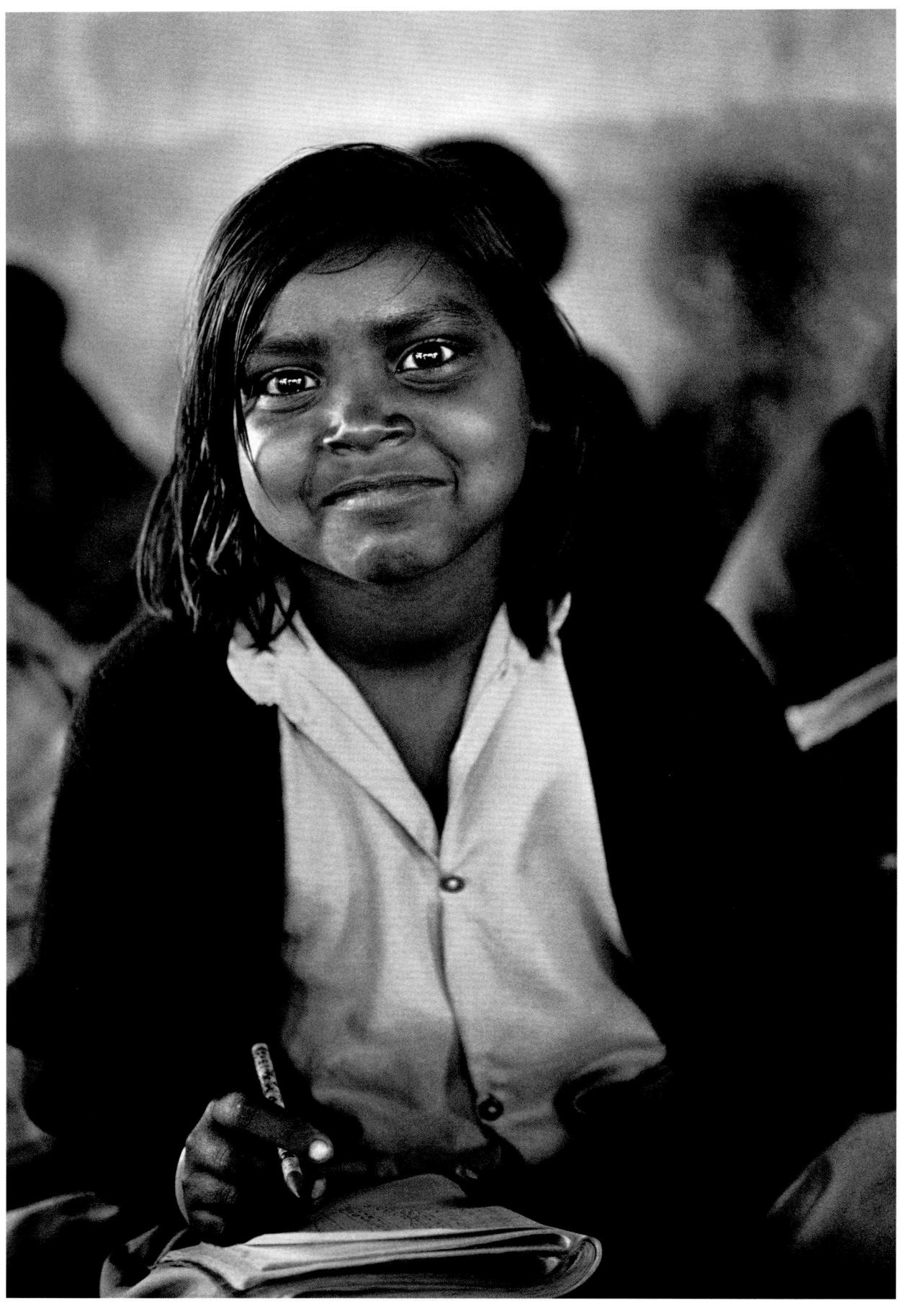

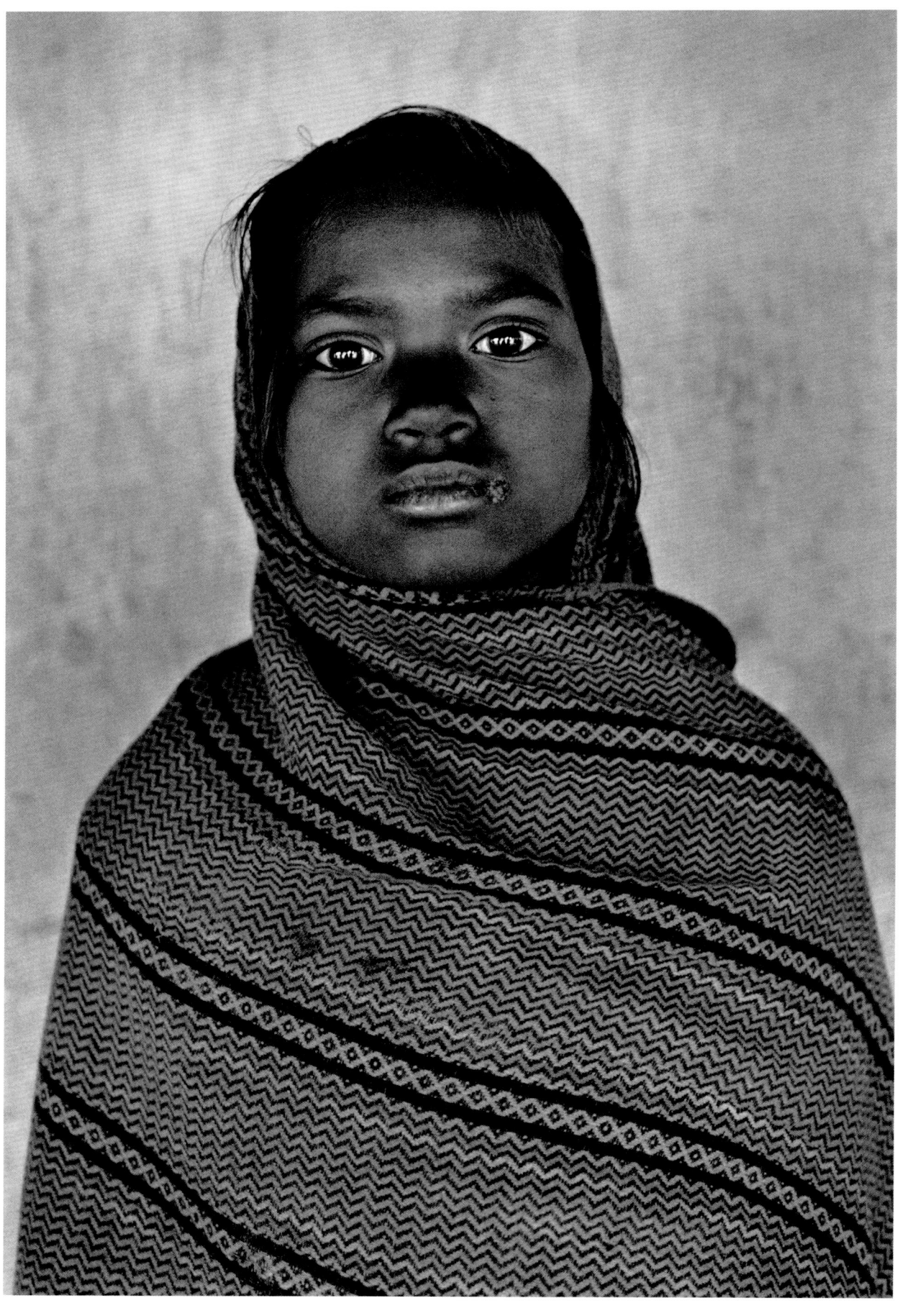

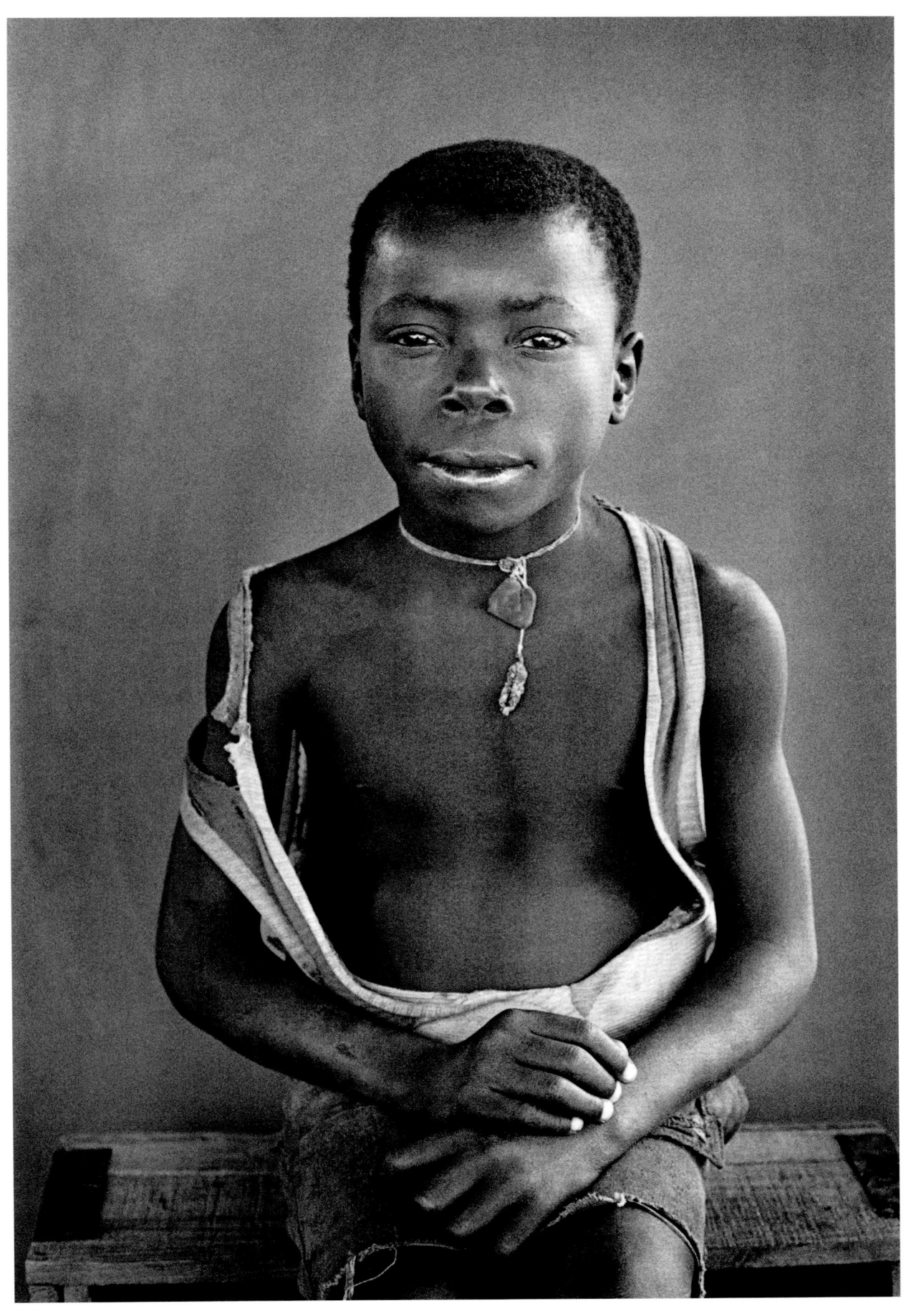

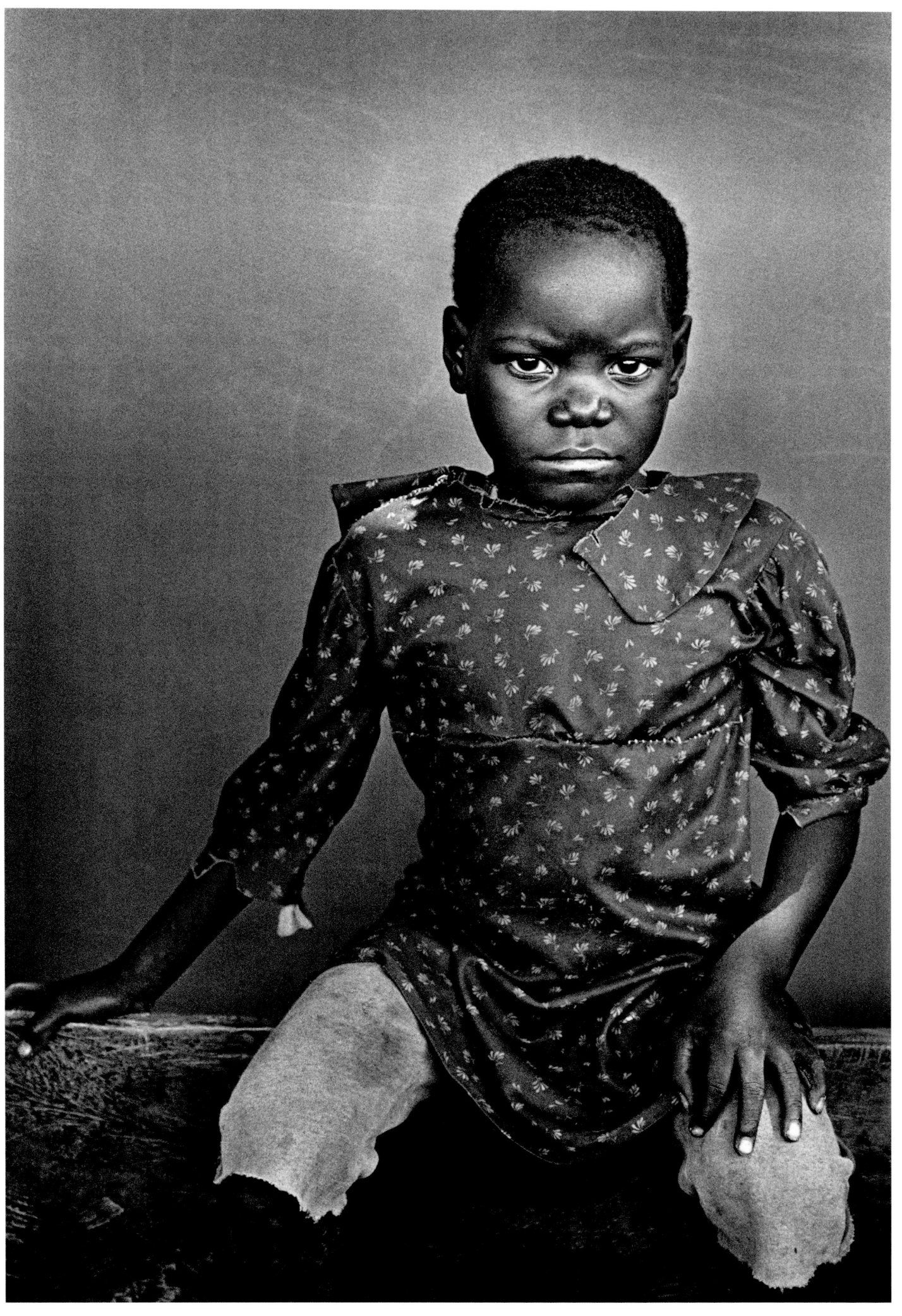

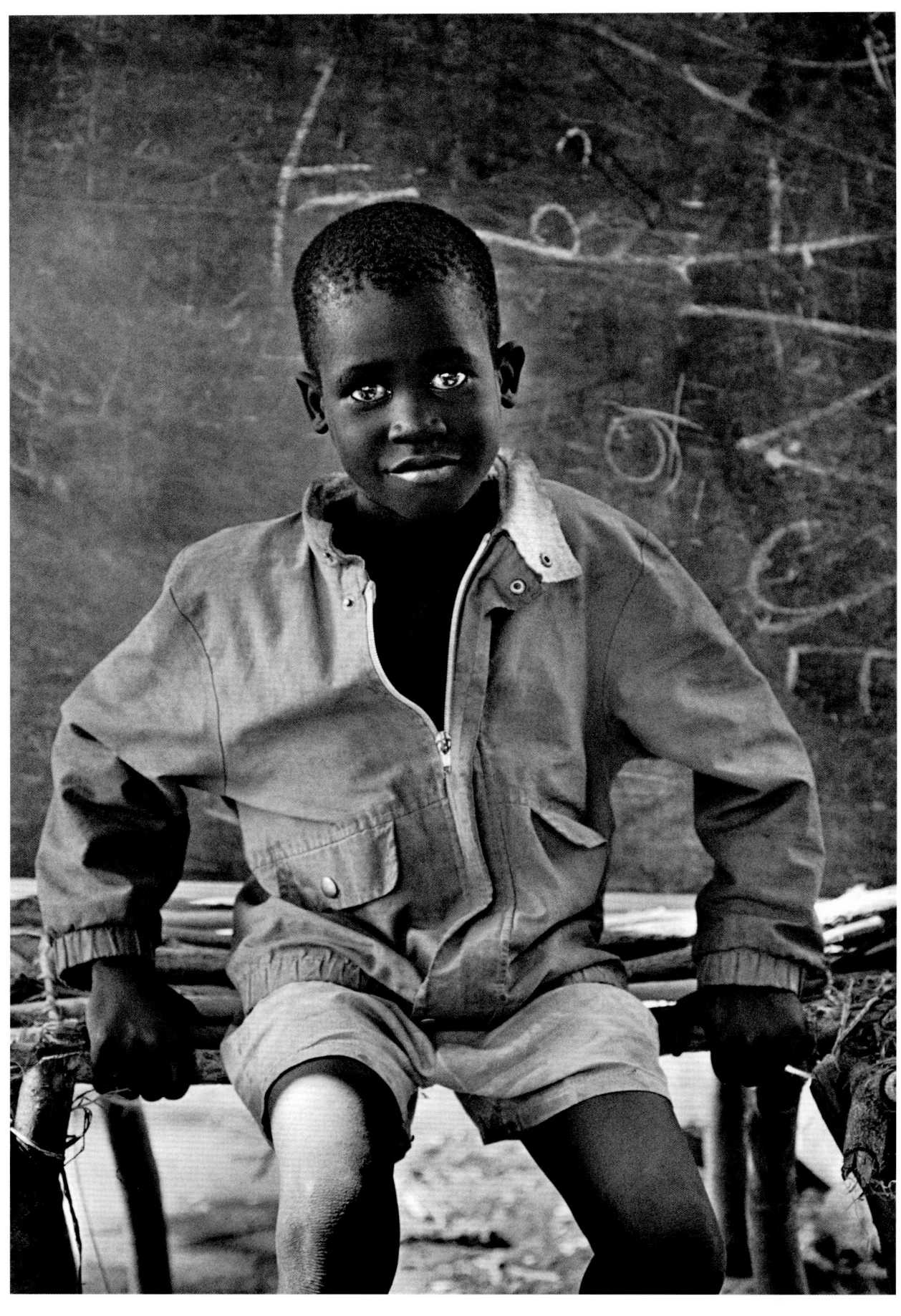

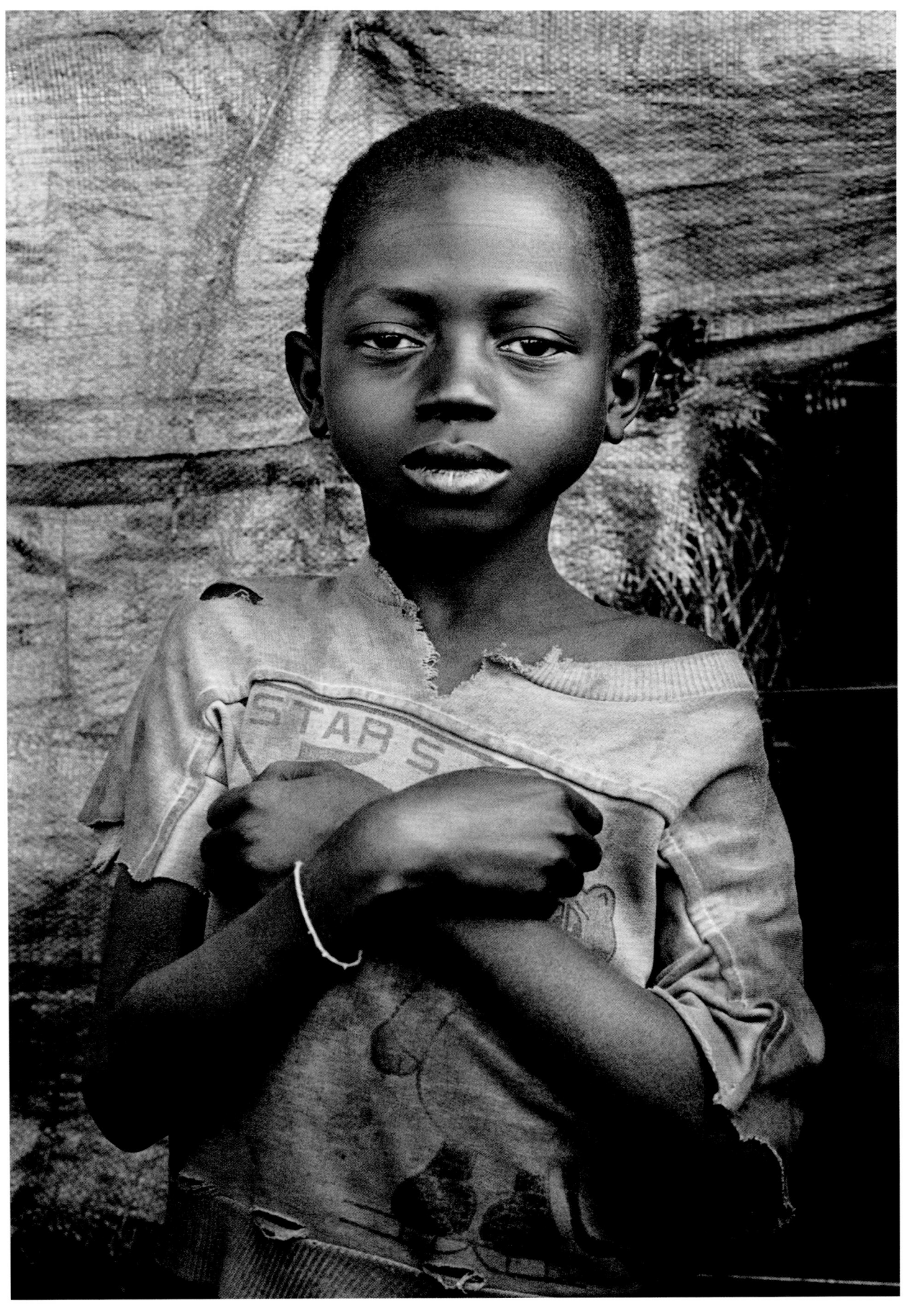

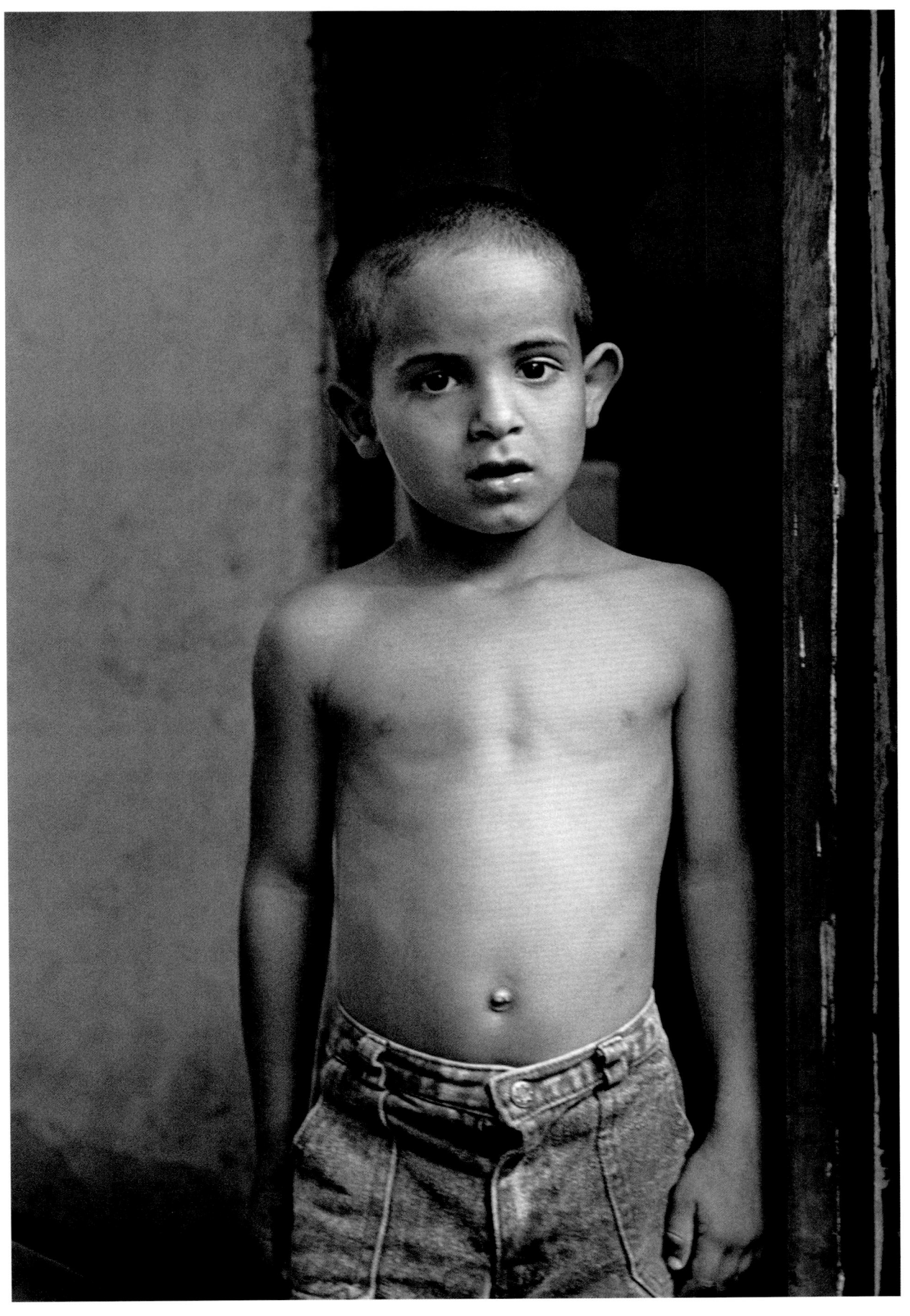

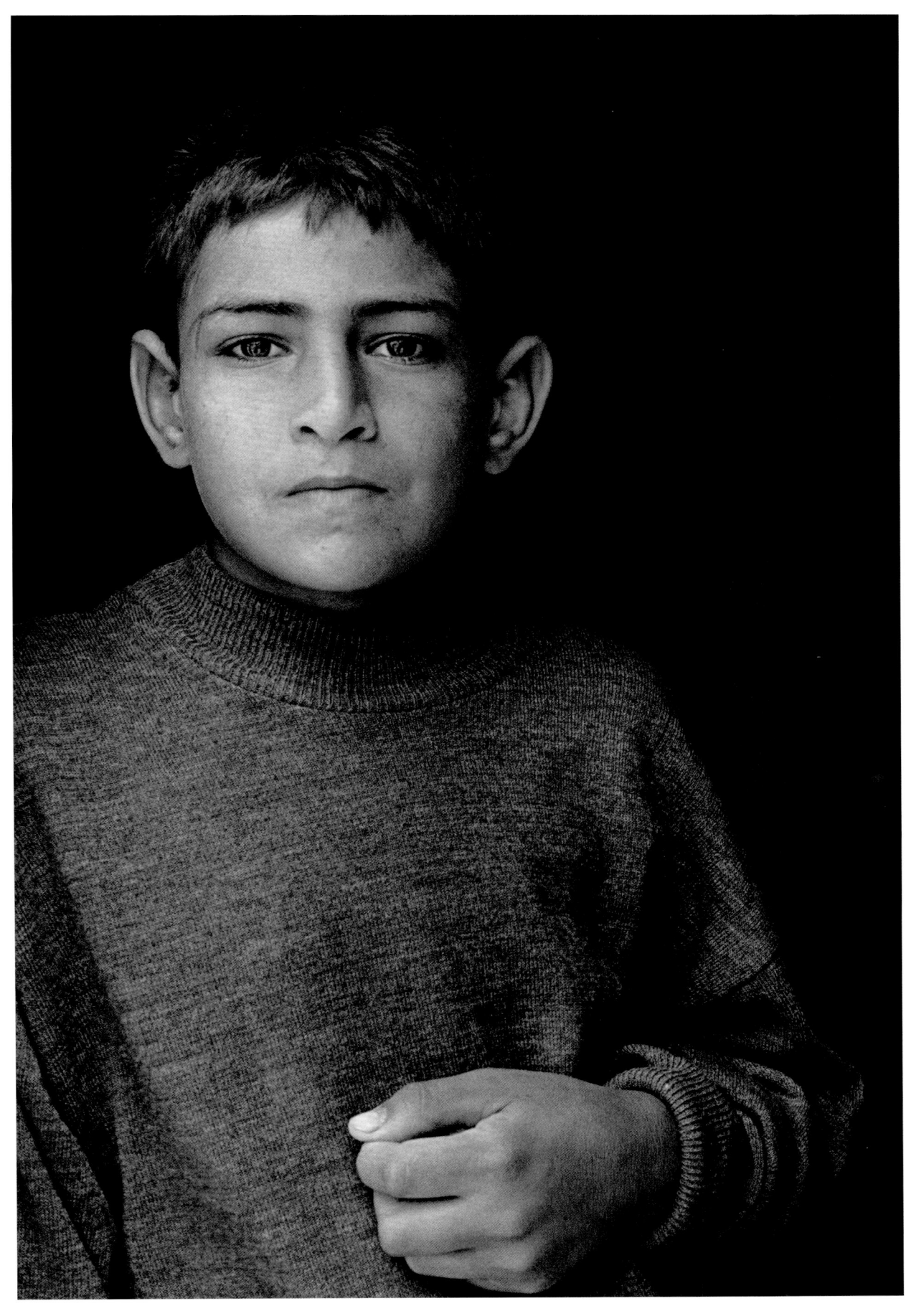

ZU DEN BILDERN

11 Das Shamak-Lager für Vertriebene in Pul-e Khumri. Nordafghanistan. 1996

12 Siedlung landloser Bauern in Rosa do Prado in Itamaraju. Bundesstaat Bahia, Brasilien. 1996

13 Das Flüchtlingslager Cazombo Nr. 2 in Luena. Region Alto Zambeze, Angola. 1997

14 Ein Flüchtlingslager aus ausrangierten Zugwaggons für Bosnier in Ivankovo. Kroatien. 1994

15 Dorf für Flüchtlingsfamilien in Spimdar bei Barwari. Irakisch-Kurdistan. 1997

17 Das Lager Turanj für bosnische Flüchtlinge aus der Enklave Bihac. Krajina, Kroatien. 1994

18 Flüchtlingskinder in Mopeia, die von ihren Familien getrennt wurden. Provinz Zambeze, Mosambik. 1994

19 Der kambodschanische Sektor des Internierungslagers Galang. Insel Galang, Indonesien. 1995

20 Das Lager Sakhi für Flüchtlinge aus Tadschikistan. Nordafghanistan. 1996

21 Das Durchgangslager Giseniy für ruandische Tutsi, die aus Zaire zurückkehren. Ruanda. 1995

22 Das Internierungslager Whitehead für vietnamesische Flüchtlinge. Im Gefängnis geborene Kinder. Hongkong. 1995

23 Das Internierungslager Whitehead für vietnamesische Flüchtlinge. Im Gefängnis geborene Kinder. Hongkong. 1995

25 Das Lager Nasir Bagh für afghanische Flüchtlinge in Peshawar. Pakistan. 1996

26 Das Lager Turanj für bosnische Flüchtlinge aus der Enklave Bihac. Krajina, Kroatien. 1994

27 Das Durchgangslager Giseniy für ruandische Tutsi, die aus Zaire zurückkehren. Ruanda. 1995

28 Das Flüchtlingslager Natinga mit Schule für sudanesische Flüchtlinge. Südsudan. 1995

29 Das Flüchtlingslager Natinga mit Schule für sudanesische Flüchtlinge. Südsudan. 1995

31 Das Durchgangslager Giseniy für ruandische Tutsi, die aus Zaire zurückkehren. Ruanda. 1995

32 Das Flüchtlingslager Natinga mit Schule für sudanesische Flüchtlinge. Südsudan. 1995

33 Das Lager Burj el-Shamali für palästinensische Flüchtlinge bei Tyre. Südlibanon. 1998

35 Flüchtlingskinder in Mopeia, die von ihren Familien getrennt wurden. Provinz Zambeze, Mosambik. 1994

36 Flüchtlingskinder in Mopeia, die von ihren Familien getrennt wurden. Provinz Zambeze, Mosambik. 1994

36 Das Lager Kamaz in Mazar-e Sharif für afghanische Flüchtlinge. Afghanistan. 1996

38 Das Flüchtlingslager Natinga mit Schule für sudanesische Flüchtlinge. Südsudan. 1995

39 Das Lager „Museo da Revolução" in Luena für angolanische Flüchtlinge. Region Alto Zambeze, Angola. 1997

40 Kosovarisches Flüchtlingskind in Kukes. Albanien. 1999

41 Angolanisches Flüchtlingskind in Cazombo. Region Alto Zambeze, Angola. 1997

42 Das Lager Rashidieh für palästinensische Flüchtlinge in Tyre. Südlibanon. 1998

43 Siedlung landloser Bauern in Rosa do Prado in Itamaraju. Bundesstaat Bahia, Brasilien. 1996

45 Das Flüchtlingslager Natinga mit Schule für sudanesische Flüchtlinge. Südsudan. 1995

46 Das Flüchtlingslager Polhó für zapatistische Indios. Bundesstaat Chiapas, Mexiko. 1998

47 Zentrum für Waisenkinder von den Stämmen Südbihars. Bundesstaat Bihar, Indien. 1997

48 Zentrum zur Wiederbelebung der Kultur der Macuxi-Indianer in Maturuca. Bundesstaat Roraima, Brasilien. 1998

49 Das Flüchtlingslager für ruandische Hutu, „Kilometer 42", bei Biaro, zwischen Ubundu und Kisangani. Zaire. 1997

51 Zentrum zur Wiederbelebung der Kultur der Macuxi-Indianer in Maturuca. Bundesstaat Roraima, Brasilien. 1998

52 Das Durchgangslager Giseniy für ruandische Tutsi, die aus Zaire zurückkehren. Ruanda. 1995

52 Das Shamak-Lager für Vertriebene in Pul-e Khumri. Nordafghanistan, 1996

55 Das Flüchtlingslager Natinga mit Schule für sudanesische Flüchtlinge. Südsudan. 1995

56 Das Lager Kamaz in Mazar-e Sharif für afghanische Flüchtlinge. Afghanistan. 1996

57 Das Internierungslager Whitehead für vietnamesische Flüchtlinge. Im Gefängnis geborene Kinder. Hongkong. 1995

59 Das Flüchtlingslager für ruandische Hutu, „Kilometer 42", bei Biaro, zwischen Ubundu und Kisangani. Zaire. 1997

60 Ein Flüchtlingslager aus ausrangierten Zugwaggons für Bosnier in Vinkovci. Kroatien. 1994

61 Flüchtlingskinder in Mopeia, die von ihren Familien getrennt wurden. Provinz Zambeze, Mosambik. 1994

62 Das Durchgangslager Giseniy für ruandische Tutsi, die aus Zaire zurückkehren. Ruanda. 1995

63 Das Lager Turanj für bosnische Flüchtlinge aus der Enklave Bihac. Krajina, Kroatien. 1994

65 Yanomami-Kinder in Xereu Their in der Gegend von Homoxi. Bundesstaat Roraima, Brasilien. 1998

66 Dörfer in den Bergen (hier Alao), in denen fast nur noch Frauen und Kinder leben.
Provinz Chimborazo, Ecuador. 1998

67 Kurdische Flüchtlingsfamilien, die in der ehemaligen Festung Nizarke bei Dohuk leben.
Irakisch-Kurdistan. 1997

69 Das Flüchtlingslager Natinga mit Schule für sudanesische Flüchtlinge. Südsudan. 1995

70 Das Flüchtlingslager Natinga mit Schule für sudanesische Flüchtlinge. Südsudan. 1995

71 Dörfer in den Bergen (hier Niño Loma), in denen fast nur noch Frauen und Kinder leben.
Provinz Chimborazo, Ecuador. 1998

73 Das Flüchtlingslager Natinga mit Schule für sudanesische Flüchtlinge. Südsudan. 1995

74 Flüchtlingskinder in Mopeia, die von ihren Familien getrennt wurden. Provinz Zambeze, Mosambik. 1994

75 Das Lager Sakhi für Flüchtlinge aus Tadschikistan. Nordafghanistan. 1996

76 Zentrum für Waisenkinder von den Stämmen Südbihars. Bundesstaat Bihar, Indien. 1997

77 Kinder in einer Siedlung landloser Bauern in Barra do Onça. Bundesstaat Sergipe, Brasilien. 1996

79 Yanomami-Kind in Lafakabuco in der Gegend von Surucucus. Bundesstaat Roraima, Brasilien. 1998

80 Das Flüchtlingslager Polhó für zapatistische Indios. Bundesstaat Chiapas, Mexiko. 1998

81 Siedlung landloser Bauern in Rio Bonito do Iguaçu. Bundesstaat Paraná, Brasilien. 1998

82 Das Lager Sakhi für Flüchtlinge aus Tadschikistan. Nordafghanistan. 1996

83 Das Lager Ein el-Hilweh für palästinensische Flüchtlinge bei Saida. Südlibanon. 1998

84 Zentrum zur Wiederbelebung der Kultur der Macuxi-Indianer in Maturuca.
Bundesstaat Roraima, Brasilien. 1998

85 Zentrum für Waisenkinder von den Stämmen Südbihars. Bundesstaat Bihar, Indien. 1997

86 Zentrum für Waisenkinder von den Stämmen Südbihars. Bundesstaat Bihar, Indien. 1997

87 Flüchtlingskinder in Mopeia, die von ihren Familien getrennt wurden. Provinz Zambeze, Mosambik. 1994

89 Flüchtlingskinder in Mopeia, die von ihren Familien getrennt wurden. Provinz Zambeze, Mosambik. 1994

90 Siedlung landloser Bauern auf der Plantage Cuiabá im Xingó Sertão. Bundesstaat Sergipe, Brasilien. 1996

91 Das Flüchtlingslager Natinga mit Schule für sudanesische Flüchtlinge. Südsudan. 1995

92 Das Flüchtlingslager Natinga mit Schule für sudanesische Flüchtlinge. Südsudan. 1995

93 Das Lager Sakhi für Flüchtlinge aus Tadschikistan. Nordafghanistan. 1996

95 Das Lager Kamaz in Mazar-e Sharif für afghanische Flüchtlinge. Afghanistan. 1996

96 Dörfer in den Bergen (hier Cuello Loma), in denen fast nur noch Frauen und Kinder leben.
Provinz Chimborazo, Ecuador. 1998

97 Das Lager Etrus (Atrush) für Flüchtlinge aus Türkisch-Kurdistan. Irakisch-Kurdistan. 1997

98 Siedlung landloser Bauern auf der Plantage Cuiabá im Xingó Sertão. Bundesstaat Sergipe, Brasilien. 1996

99 Das Lager „Museo da Revolução" in Luena für angolanische Flüchtlinge.
Provinz Alto Zambeze, Angola. 1997

101 Kurdische Flüchtlingsfamilien, die in der ehemaligen Festung Nizarke bei Dohuk leben.
Irakisch-Kurdistan. 1997

102 Das Lager Kamaz in Mazar-e Sharif für afghanische Flüchtlinge. Afghanistan. 1996

103 Das Lager Beddawi für palästinensische Flüchtlinge bei Tripoli. Nordlibanon. 1998

104 Dörfer in den Bergen (hier Pungala), in denen fast nur noch Frauen und Kinder leben.
Provinz Chimborazo, Ecuador. 1998

105 Das Lager Ein el-Hilweh für palästinensische Flüchtlinge bei Saida. Südlibanon. 1998

106 Zentrum für Waisenkinder von den Stämmen Südbihars. Bundesstaat Bihar, Indien. 1997

107 Das Lager Ein el-Hilweh für palästinensische Flüchtlinge bei Saida. Südlibanon. 1998

109 Das Lager „Bahnhof Benguela" für angolanische Flüchtlinge in Luena. Provinz Alto Zambeze, Angola. 1997

Printed in Switzerland by Entreprise d'arts graphiques Jean Genoud SA, Le Mont-sur-Lausanne